Annette Meier – Ursula Meier

DIE KINDER UND DER STERN

Ein weihnachtliches Bilderbuch
zum Mitsingen und Mitspielen

BARDTENSCHLAGER VERLAG MÜNCHEN

© 1977
Bardtenschlager Verlag GmbH München
Umschlag und Bilder Peter Lindberg
Noten und Zeichnungen: Maria Nöhmeier
Gestaltung: Karin zu Leiningen
Gesamtherstellung: Erhardi Druck GmbH Regensburg
ISBN 3-7623-0023-2

Weit fort von hier lebten vor langer Zeit zwei Geschwister, ein Junge und ein Mädchen. Ihre Eltern waren gestorben und ein Bauer nahm sie bei sich auf. Sie besaßen nichts als einen Hund, eine Ziege, zwei Schafe, einen alten Kochtopf, eine Decke und die Kleider, die sie anhatten. Sie waren nicht gerne auf dem fremden Hof und fanden keine Freunde dort.

Abends gingen sie oft in den Stall und streichelten ihre Tiere. ,,Ach, wenn wir doch Menschen finden könnten, die wir gerne mögen und die uns lieb haben", sagten sie. ,,Ich möchte einfach weglaufen", meinte das Mädchen. Aber sie wußten nicht, wohin sie gehen konnten.

> Ich fühle mich hier so allein,
> dies ist kein schöner Ort.
> Ach, könnt ich doch woanders sein!
> Am liebsten möcht ich fort.
>
> Ich hätt' so gerne einen Freund
> und jemand, der mich liebt,
> der's ganz bestimmt gut mit mir meint,
> mir ein Zuhause gibt.

Der Winter kam, und es wurde sehr kalt. Eines Abends konnten sie nicht einschlafen. ,,Die Tiere sind so unruhig heute", sagte das Mädchen, sie wollen zur Tür."

Da wurde es auf einmal ganz hell im Stall. „Was ist los? Es kann doch noch nicht Morgen sein" Der Junge lief zur Tür: „Sieh nur, sieh: ein ganz großer Stern ist aufgegangen, den hab ich noch nie gesehn! Und hell ist er und so schön!" „Und warm sieht er aus", sagte das Mädchen, „wenn wir doch zu ihm hingehen könnten! Ich glaube, er winkt uns. Schau, jetzt bewegt er sich"! „Ja, laß uns zu ihm gehen", rief der Junge, „und die Tiere nehmen wir mit."

Habe dich noch nie gesehn,
großer Stern.
Weiß doch, ich möcht mit dir gehn,
hab dich gern.

Schau zu dir und bin nicht bang,
warmes Licht.
Suche Freunde schon so lang,
führe mich!

Schnell holten sie die Schafe, banden die Ziege und den Hund los, nahmen ihren Kochtopf und die Decke und gingen leise fort, in den Schnee hinaus.

Voran der Junge, dann folgten die beiden Schafe, danach kam das Mädchen, das die Ziege führte, und um sie herum sprang ausgelassen der Hund und bellte vor Freude, daß er wieder frei laufen durfte. Vor ihnen hoch am Himmel, zog ihr Stern her, und strahlte und leuchtete, daß alle Eiskristalle funkelten und glitzerten.

Sie stiegen über Berge und liefen durch Täler, durch dichten Wald und über Felder und Wiesen, immer dem Stern nach. Wenn sie Hunger hatten, tranken sie aus ihrem Topf die Milch, die ihnen die Ziege gab. Auch der Hund bekam etwas davon ab. Für ihre Tiere fanden sie an manchen Stellen am Weg trockenes Laub und Gras. Wenn sie müde wurden, kauerten sich alle dicht aneinander, um sich zu wärmen, und das Mädchen breitete über sie noch die Decke aus. So lagen sie und schliefen, und es war ganz still um sie herum.

Auf einmal wachten sie auf. Ein langgezogenes Heulen war zu hören. Auch die Tiere wurden unruhig, und der Hund knurrte leise. „Hast du das gehört?" fragte das Mädchen, „was ist das? Da, jetzt ist es lauter." „Ein Wolf"! flüsterte der Junge. „Er hat unsere Tiere gerochen und folgt unserer Spur."

Voll Angst nahmen sie jeder einen dicken Stock in die Hand. Da war das Heulen wieder, diesmal ganz nah! Und dann sahen sie einen Schatten, der sie umkreiste. Die Schafe und die Ziege blökten und meckerten und drängten sich zitternd und Schutz suchend an die Kinder.

> Zu Hilfe! Helft! Der Wolf will uns beißen,
> mit Tatzen und Zähnen will er uns zerreißen
> und fressen voll Gier,
> das hungrige Tier.
>
> Wir schützen die Tiere, den Kampf wolln wir wagen.
> Wir müssen den Wolf mit den Stöcken verjagen
> und schlagen mit Mut,
> wenn er uns was tut.

„Geh weg, Wolf!", rief der Junge und hob drohend den Stock. Aber da war der Wolf mit einem Satz da. Der Junge schrie laut und schlug auf ihn ein. Der Hund bellte und biß, und das Mädchen versuchte, mit ihrem Stock die Tiere zu schützen. Es war ein schlimmer Kampf! Ein Knurren und Fauchen, ein Bellen und Schreien, dazu das Meckern und Blöken.

Aber der Wolf war stärker als sie. „Ich kann nicht mehr", rief der Junge, „der Wolf hat mehr Kraft als wir!"

Da kam plötzlich der Stern näher und näher und wurde groß und hell und schien dem Wolf mitten ins Gesicht, daß er die Augen schließen mußte. Das grelle Licht tat ihm weh. Und immer, wenn er zum Sprung ansetzen wollte, wurde es noch ärger mit dem Licht. Er knurrte und jaulte, und jetzt bekam er auch noch Prügel! Da zog er seinen Schwanz ein und lief schnell davon.

„Wir sind gerettet!" rief das Mädchen, „der Stern hat uns geholfen." „Danke, lieber Stern!"

>   Vorbei ist die Angst, vorbei ist der Schreck.
>   Die Tiere sind sicher, der Wolf ist weit weg!
>
>   Wir haben gekämpft mit all unsrer Kraft,
>   doch ohne den Stern hätten wir's nicht geschafft.
>
>   Du hast uns geholfen, du schöner Stern,
>   du bist unser Freund, ja, wir folgen dir gern!

Erleichtert liefen sie weiter. Voran ging der Junge, dann folgten die beiden Schafe, danach kam das Mädchen, das die Ziege führte und zum Schluß der Hund, der etwas hinkte.

Und der Stern zog wieder vor ihnen her.

>   Schau zu dir und bin nicht bang,
>   warmes Licht.
>   Suche Freunde schon so lang,
>   führe mich.

Sie gingen und gingen, bis sie in eine kleine Stadt kamen. Verwundert sahen sie sich um. War das ein Lärmen und Gedränge dort! So viele Menschen hatten sie noch nie gesehen. Räder rollten, Pferde trabten vorbei, Esel schrieen, Hunde bellten, Kinder tollten herum und lachten, Händler riefen ihre Waren aus, Männer feilschten um die Preise, Marktfrauen priesen ihr Gemüse an.

Und was es da alles zu kaufen gab! Ganze Tische voll Brot und Kuchen und Süßigkeiten, Käse, Früchte, Würste, Eier, Spielsachen, Stoffe, Schuhe, Decken, Töpfe, Pfannen, Schmuck und… „Sieh nur, die schönen, warmen Kleider!" Das Mädchen zeigte auf einen Tisch.

>Was für ein Leben ist hier in der Stadt!
>Ein Rennen und Rufen und Lachen!
>Schau mal die Wurst, die die Marktfrau da hat!
>Und Lärm tun die Leute hier machen!
>
>Ist das ein Gedränge!
>Ist das eine Enge!
>Ist das eine Menge von Sachen!
>
>Was für ein Leben ist hier in der Stadt!
>Da gibt es ja Mäntel in Reihn!
>Schau mal den Rock, den der Händler da hat,
>wie weich und wie warm muß der sein!
>
>Ist das ein Haufen!
>Ist das ein Laufen!
>Ist das ein Kaufen und Schrein!

„Komm nur her, junge Dame!" rief der Händler ihnen zu, „komm nur näher! Willst du nicht diesen schönen Rock haben? Gib mir deine Ziege dafür. Und du brauchst doch sicher einen Mantel, Junge. Wenn du kein Geld hast, nehme ich dafür ein Schaf." Und schon hatte er den Kindern die Sachen umgehängt.

„Wie gut sie euch stehen", lobte er, „wie für euch gemacht. Ihr könnt doch nicht weiter in diesen alten Kleidern rumlaufen. Also abgemacht?" Und er streckte die Hände nach der Ziege und dem Schaf aus. „Halt!" riefen die Kinder, „unsere Tiere geben wir nicht her! Wir brauchen sie. Die Ziege gibt uns Milch, und das Schaf gibt uns Wärme. Wie könnten wir ohne sie leben?" „Hier habe ich noch eine bunte Mütze und ein Paar Handschuhe. Verkauft mir dafür euren Hund, meiner ist mir weggelaufen." „Nein", sagten die Kinder, „unser Hund ist unser Freund, und er beschützt uns. Wir geben ihn nicht weg."

„Bleibt bei mir", sagte der Händler, „ihr könnt in meiner Hütte schlafen. Ich werde euch reich machen. Du, Mädchen, kannst auf meine Waren aufpassen, und du kannst den Leuten nach Hause tragen, was sie gekauft haben. Dann geben sie dir Geld, und ihr könnt euch alle diese schönen Sachen kaufen, auch Spielzeug und Süßigkeiten, soviel ihr wollt. Kommt mit mir, ihr könnt es euch ja bis morgen überlegen." Freudig gingen die Kinder und die Tiere mit dem Händler in seine Wohnung. Dort bekamen sie gut und reichlich zu essen und ein warmes, weiches Bett. „So gut haben wir's noch nie gehabt, so schön müßte es immer sein", seufzten sie, bevor sie einschliefen.

Auch der Händler war zufrieden. „Eine Ziege, zwei Schafe, ein Hund, ein Mädchen, das auf meine Waren aufpaßt, und ein Laufjunge", sagte er vor sich hin und rieb sich vergnügt die Hände.

In der Nacht hatte das Mädchen einen Traum. Es war ihr, als ob ihr der Stern winkte und rief: „Kommt mit mir, bleibt nicht hier"!

 Ziehet weg von diesem Ort,
 bleibet nicht!
 Kommt und wandert mit mir fort,
 folgt dem Licht.

Der Junge hatte dasselbe geträumt, und so sagten sie dem Händler lebewohl, bedankten sich und zogen weiter. Voran ging der Junge, dann folgten die beiden Schafe, danach kam das Mädchen, das die Ziege führte, und um sie herum sprang ausgelassen der Hund. Und der Stern zog wieder vor ihnen her.

 Schau zu dir und bin nicht bang,
 warmes Licht.
 Suche Freunde schon so lang,
 führe mich.

Sie stiegen über Berge und liefen durch Täler, durch dichten Wald und über Felder und Wiesen, immer den Stern nach.
„Halt!" rief der Junge, „seid mal still! War da nicht ein Weinen?" Wirklich, da war es wieder. Sie gingen darauf zu und fanden eine Frau, die auf dem Arm ein weinendes Kind trug. Die Mutter wiegte es und versuchte es zu beruhigen und zu trösten.

 Mein liebes Kind, hör auf zu klagen,
 ich will dich auch ein Stückchen tragen,
 ich nehm dich auf den Arm.

Ich hab kein Geld, kann dir nichts kaufen.
wir wollen schnell nach Hause laufen,
vielleicht wird uns dann warm.

„Warum weint dein Kind?" wollte das Mädchen wissen. „Mein Kind ist krank, es hat Hunger und friert. Mit meinem letzten Geld hab ich den Arzt bezahlt, und zu Essen haben wir auch nichts mehr."
Die Kinder sahen sich an. Sie hatten beide die gleiche Idee. Der Junge nahm den Topf und molk die Ziege, dann gaben sie die Milch der Frau. „Gib deinem Kind hiervon und trink du auch. Wir kommen heute ohne Milch aus." Das Mädchen nahm die Decke und breitete sie über das Kind. „Behaltet sie, wir haben ja die Schafe, die geben uns Wärme. „Danke, Kinder", sagte die Frau. „Wie gerne würde ich euch auch etwas geben, aber ich habe ja nichts. Doch halt, da fällt mir etwas ein. Diese kleine Flöte hier schenke ich euch. Sie ist nicht wertvoll, aber vielleicht macht sie euch Freude."

Gerne nahmen die Kinder die Flöte. Sie winkten der Frau noch einmal zu und zogen dann fröhlich weiter.

Voran ging der Junge und spielte auf der Flöte, dann folgten die beiden Schafe, danach kam das Mädchen, das die Ziege führte und um sie herum sprang ausgelassen der Hund. Sie gingen und gingen, und der Stern zog immer vor ihnen her und strahlte und leuchtete.

Schau zu dir und bin nicht bang,
warmes Licht.
Suche Freunde schon so lang,
führe mich.

Doch dann ballten sich am Himmel dunkle Wolken zusammen. Ein eiskalter Wind kam auf. „Es wird ein Unwetter geben," meinte der Junge, „wir müssen schauen, daß wir eine Hütte finden." Sie zogen schneller dem Stern nach, aber das Fortkommen wurde immer beschwerlicher. Dicke Flocken fielen vom Himmel, der Sturm wirbelte sie durcheinander und blies sie den Kindern ins Gesicht.

„Ich kann dich nicht mehr sehen," rief das Mädchen, „und der Stern ist auch kaum noch zu erkennen!" „Hier bin ich! Wir müssen uns aneinander festhalten, sonst verlieren wir uns", antwortete der Junge. Sie faßten sich an und nahmen ein Schaf zwischen sich. Das zweite führte der Junge an der anderen Hand und das Mädchen hielt die Ziege.

Auf einmal spitzte der Hund die Ohren und bellte. „Er muß etwas gehört haben!" Sie blieben stehen und lauschten. Da war es ihnen, als ob sie Stimmen hörten und ein Lichtschein kurz aufblinkte. „Bleib du hier, ich gehe und schau nach, ob da jemand wohnt", sagte der Junge, „ich komme gleich wieder." Und schon machte er sich auf den Weg.

Das Mädchen fürchtete sich so allein in dem Sturm. Es schmiegte sich eng an die Tiere und wartete. Auf einmal bekam es einen großen Schreck. Eins der Schafe fehlte, und sie hatte nicht einmal gemerkt, als es weglief. Sie rief nach ihm, aber es kam nicht. „Bleib du hier", sagte sie zum Hund, „ich muß es suchen, vielleicht ist ihm etwas zugestoßen. Wenn ich seiner Spur folge, finde ich es." Sie eilte fort. Aber bald sah sie keine Spur mehr, der Sturm hatte sie längst verweht. Und dann konnte sie nicht mehr zu den Tieren zurückfinden. Weinend und rufend irrte sie umher. Der Hund hörte sie und lief ihr entgegen. Aber auch er verirrte sich in dem Unwetter und fand sich nicht mehr zurecht.

Der Ziege und dem Schaf wurde es unheimlich ohne den Hund und die Kinder. Sie liefen fort, jedes in eine andere Richtung.
Als der Junge zurückkehrte und den Platz leer fand, erschrak er sehr. „Was tu ich nur", dachte er, „wohin soll ich gehen und sie suchen? Wie soll ich sie nur finden?"
Da fiel ihm die kleine Flöte ein, und er begann zu spielen.

>Meinen schönsten Flötenton
>schick ich zu euch in den Schnee.
>Komm nur, Wind, trag ihn davon.
>Hilf, daß wir uns wiedersehn.
>
>Meinen allerschönsten Klang
>schick ich in die Nacht hinaus.
>Folgt den Tönen, seid nicht bang!
>Geht nur weiter, haltet aus!

Und wirklich, da kam der Hund angelaufen und winselte vor Freude. Der Junge streichelte ihn. „Hilf du mir rufen", sagte er. Da bellte der Hund, und der Junge flötete dazu. Das hörte ein Schaf. Schnell lief es zu ihnen hin und blökte vor Freude. Der Junge streichelte es. „Du mußt uns helfen", sagte er. Da blökte das Schaf, der Hund bellte, und der Junge flötete dazu. Plötzlich tauchte die Ziege auf und meckerte vor Freude. Der Junge streichelte sie. „Hilf du auch rufen", sagte er. Dann meckerten, blökten und bellten die Tiere, und der Junge flötete dazu. „Da sind sie!" rief das Mädchen und lief zu ihnen hin. Lachend umarmte sie ihren Bruder und erzählte ihm, was passiert war. Dann bellten, blökten und meckerten die Tiere. Der Junge flötete, und das Mädchen sang dazu.

Aber das zweite Schaf kam nicht. „Wir werden es morgen suchen gehen", schlug der Junge vor, „im Sturm finden wir es nicht. Vielleicht hat es irgendwo Schutz gesucht. Dort droben sind Hütten und ein Stall. Unser Stern ist auch da." Und so folgten sie dem Jungen.

„Ja, da ist unser Stern! Sieh nur, er steht über dem Stall dort", rief aufgeregt das Mädchen, „laß uns hineingehen." Leise öffneten sie die Tür. Licht und Wärme strahlten ihnen entgegen. Viele Menschen und ein paar Tiere waren hier versammelt. Trotzdem war es ganz still. Andächtig schauten sie auf eine Krippe, an der eine junge Frau saß. Neugierig traten die Kinder näher, und da sahen sie ein neugeborenes Kind in der Krippe liegen. „Wie lieb es ist!" flüsterte das Mädchen, „schau nur, die kleinen Händchen!" Und dann entdeckten sie unter der Krippe, der Frau zu Füßen, ihr Schaf! Es blökte leise vor Freude, als es seine Freunde sah.

„Der Heiland ist geboren", sprach ein alter Hirte in die Stille. „Ein Engel hat es uns verkündet. Und nun wird für immer Friede sein auf der ganzen Welt. Dies ist das Kind, das wir gesucht haben." Und alle sahen froh aus, als sie das hörten.

Wir fanden dich, du kleines Kind,
in einem alten Stalle.
Wir fanden dich, du kleines Kind,
und kommen zu dir alle.

Wir freuen uns, du kleines Kind,
daß wir dich heute sehen.
Wir freuen uns, du kleines Kind,
daß wir hier bei dir stehen.

Wir grüßen dich, du kleines Kind.
Wir zogen mit dem Stern.
Wir grüßen dich, du kleines Kind,
wir haben dich so gern.

Wir danken dir, du kleines Kind,
du neugebornes Leben.
Wir danken dir, du kleines Kind.
Du willst uns Hoffnung geben.

„Das Kind braucht jetzt Ruhe und die Mutter auch. Bitte, geht wieder heim, ihr guten Leute, und Dank für eure Gaben", sagte freundlich ein Mann. Leise gingen alle fort, auch die Kinder mit ihren Tieren. Nur das Schaf blieb an der Krippe liegen. „Wir schenken es euch und eurem Kind", flüsterte der Junge beim Abschied, und das Mädchen nickte zustimmend.

Dann waren sie draußen. „Wohin sollen wir nun gehen"? fragte das Mädchen. Das hörte eine Frau. „Habt ihr kein Zuhause, Kinder? Oh, ihr seid ja ganz durchnäßt! Wenn ihr wollt, kommt mit mir." Wie gerne taten sie das! Die Frau nahm sie mit in ihr Haus und fragte sie nach ihren Eltern, und die Kinder erzählten ihr ihre Geschichte und von dem Stern und der Wanderung mit den Tieren.
„Bleibt bei uns", bat die Frau, und auch ihr Mann war einverstanden. „Platz genug haben wir, das Essen wird auch reichen, und eure Tiere sollen es hier gut haben". Die Kinder freuten sich sehr. „Ich glaube, ich werde euch schnell lieb gewinnen", meinte die Frau. „Der Stern hat auch uns Glück gebracht. Schaut nur wie schön er strahlt". Und alle gingen ans Fenster und sahen zum Stall, über dem der Stern still stand und funkelte und glänzte in der Nacht.

Schau zu dir voll Dankbarkeit
in die Nacht.
Hast in meine Traurigkeit
Trost gebracht.

Schaue dich mit Freuden an,
warmes Licht.
Weiß, daß ich hier bleiben kann.
Fürcht mich nicht.

Sehe dich am Himmel stehn,
bin Zuhaus.
Weiß, mein Wandern und mein Gehn
ist nun aus.

Ein Bilderbuch zum Mitsingen und Mitspielen

Die Idee, eine Reihe von Bilderbüchern herauszugeben, in denen die Kinder den Inhalt nicht nur im szenischen Spiel darstellen, sondern die Geschichte auch musikalisch gestalten, ist aus der praktischen Auseinandersetzung mit Kindern und der Fortbildungsarbeit mit Erziehern entstanden. Es gibt bereits Anregungen zur klanglichen Gestaltung von Geschichten. Neu ist jedoch der Versuch, ein Kinderbuch so zu gestalten, daß es sowohl als gewöhnliches Bilderbuch in der Kindergruppe, als auch durch seinen praktisch-methodischen Teil als Arbeitsbuch für den Erzieher einzusetzen ist. Auf Kursen haben wir immer wieder gemerkt, daß es den Teilnehmern relativ leicht fällt, sich Geschichten auszudenken, die Kinder gerne hören und spielen. Einen Inhalt zu erfinden, der sich *sprachlich, szenisch und musikalisch* einfach darstellen läßt, fällt ihnen hingegen schwer. Die Notwendigkeit gezielter Anleitung wird hier deutlich. Dies schließt ein, daß einfache grundsätzliche didaktische und methodische Fragen geklärt und berücksichtigt werden müssen, und die elementare Beherrschung der Klangmaterialien und Instrumente gesichert ist.

Wir wollen mit dieser neuen Reihe übertragbare Modelle geben für spielerisches Gestalten mit Kindern, das von der ursprünglichen Einheit von Bewegung, Sprache und musikalischem Ausdruck der Kinder ausgeht. Gleichzeitig möchten wir durch praktisch-methodische Anregungen die Erzieher ermutigen, sich von unseren Beispielen zu lösen und mit den Kindern eigene Geschichten zu erfinden und zu gestalten.

Das vorliegende Buch zeigt Möglichkeiten, wie auch in einer großen Kindergruppe durch Aufgabenteilung jedes Kind, seinen individuellen Fähigkeiten entsprechend einen Beitrag zur gemeinschaftlichen Gestaltung leisten kann.

München – Amsterdam
September 1977

Annette Meier
Ursula Meier

Grundsätzliche Überlegungen beim Erfinden einer Geschichte zum Mitsingen und Mitspielen

Bevor der Erzieher sich eine Geschichte ausdenkt, muß er folgende Fragen klären:
- Für welches Alter ist sie gedacht?
- Was spricht Kinder dieser Altersstufe an?
- Womit identifizieren sie sich?
- Was entspricht ihrem kindlichen Denken?
- Wie groß ist die Aufnahmefähigkeit und das Konzentrationsvermögen der Kinder?
- Was macht ihnen Spaß und wovor haben sie Angst?
- Welche sozialen Fähigkeiten sind vorhanden?
- Wie weit sind sie in ihrer bewegungsmäßigen Entwicklung?
- Was können sie auf sprachlichem Gebiet leisten?
- Was fasziniert sie im klanglichen Bereich?
- Welche Melodien können sie singen?

Darüber hinaus muß bedacht werden, daß der Text Möglichkeiten bietet zu
- vielseitiger Bewegung
- Arbeit mit dynamischen Gegensätzen
- Gestalten mit Geräuschen und Klängen

Die Geschichte sollte so angelegt sein, daß
- im Inhalt Klänge und Instrumente auftauchen
- lautmalerische Sprache verwandt wird
- sie innere Dynamik hat
- sie sprachlich und formal einfach gebaut ist
- sie über einen Spannungsbogen verfügt (Einleitung – Darstellung des Konflikts – Höhepunkt – Lösung des Konflikts – Schluß)
- die Aufteilung in Szenen eindeutig ist.

Unsere Überlegungen beim Schreiben der Geschichte „Die Kinder und der Stern"

Mit dieser Erzählung wenden wir uns an Kinder im Alter von 5 – 8 Jahren. Die Geschichte hat märchenhafte und realistische Züge und nimmt Elemente der Weihnachtsgeschichte auf.

Die Hauptfiguren, ein Junge und ein Mädchen, sind beide in der gleichen Situation innerer Not, aus der heraus sie den Mut zur Veränderung finden. Sie entdecken den Weihnachtsstern, der ihnen Hoffnung und das Vertrauen gibt, einen unbekannten Weg anzutreten. Der Stern hilft ihnen in Situationen, in denen ihre eigene Kraft nicht ausreicht. Im Kampf mit dem Wolf entdecken sie ihre eigenen Möglichkeiten und Grenzen. Sie sind bereit, sich der Gefahr zu stellen und den Kampf aufzunehmen. In der Stadt lernen sie die Verlockung materieller Güter kennen; trotzdem folgen sie der inneren Stimme (Traum). In der Begegnung mit der Mutter und dem Kind zeigen sie Mitleid und Bereitschaft zu teilen. Die Flöte, die sie zum Dank erhalten, hilft ihnen im Schneesturm, aus eigener Kraft wieder zueinander zu finden. Im Stall sind sie zusammen mit anderen Menschen unerwartet am Ziel. Sie erleben Licht, Wärme und die freudvolle Kraft, die von dem kleinen Kind ausgeht. Hierbei finden sie zugleich ein neues Zuhause und Menschen, die sie um ihrer selbst willen aufnehmen und gerne haben.

5 – 8 jährige Kinder haben im allgemeinen einen starken Bezug zu Tieren. Kleinere Kinder identifizieren sich häufig mit ihnen. Sie drücken im Spiel deren Eigenschaften wie Stärke, Schwäche oder Wehrlosigkeit aus und erleben sie in sich selber. Dies hat uns veranlaßt, in die vorliegende weihnachtliche Erzählung Tiere mit einzubeziehen.

In dieser Geschichte werden Erfahrungen und Gefühle ausgedrückt, die den Kindern meistens aus eigenem Erleben bekannt sind. Sie haben den Wunsch nach einem Zuhause, in dem sie akzeptiert werden und das ihnen Sicherheit, Geborgenheit und Wärme gibt. Zugleich ist ihr Drang nach Freiheit und Selbstständigkeit, dem Entdecken der eigenen Kraft und ihr Wunsch nach Abenteuern groß. Dies sind die Grundgedanken, die die ganze Geschichte durchziehen.

Kinder kennen das Alleinsein, das Zusammenhalten und den Wunsch nach Freunden. Sie wissen wie es ist, Angst zu haben, für etwas kämpfen zu müssen und dabei zu unterliegen, Sie sind dankbar, wenn sie Hilfe im richtigen Moment erhalten (Kampf mit dem Wolf). Sie kennen das Habenwollen, die Besitzgier, den Reiz der von einem großen Angebot an Waren ausgeht (in der Stadt) und sind oft recht geschäftstüchtig im Ausnützen von Situationen, die ihnen Vorteile bringen (der Händler). Sie haben die Notwendigkeit des Verzichtenmüssens erlebt und sind sicher schon vor die Entscheidung gestellt worden, etwas, was ihnen wichtig ist, mit anderen zu teilen (Frau mit Kind) oder herzuschenken (im Stall). Vielleicht haben sie sich schon einmal verirrt; dann kennen sie die Angst, die mit dem Verlust der Orientierung verbunden ist und die Erleichterung, sich wieder zurecht zu finden. (Schneesturm)

Die Geschichte enthält – auch gerade durch ihre Länge – eine Vielzahl an Anregungen für die Arbeit mit Kindern im Musik- und Bewegungsbereich. Sie eignet sich besonders gut für größere Gruppen *(Schulklassen)*, für die es im allgemeinen schwierig ist, eine Erzählung zu finden, in der sich alle Kinder aktiv bei der Gestaltung beteiligen können. Sie bietet die Möglichkeit, über einen längeren Zeitraum hinweg mit den Kindern an der Gestaltung zu arbeiten. Dadurch können sie die Erfahrungen, die sie im Bereich der Musik und Bewegung gemacht haben, festigen, vertiefen und Sicherheit im Ausdruck gewinnen.

Wird die Geschichte im *Kindergarten* gestaltet, kann sich das Erzählen, in Verbindung mit spontanem Spiel, über eine Woche hinziehen. Die Kinder „leben" dann über längere Zeit mit der Handlung und ihr Konzentrationsvermögen wird nicht überfordert. (1. Tag: Die Kinder entdecken den Stern – Kampf mit dem Wolf / 2. Tag: In der Stadt / 3. Tag: Begegnung mit der Frau und Ihrem Kind / 4. Tag: Der Schneesturm / 5. Tag: Im Stall – die Kinder finden ein neues Zuhause)

Ebenso besteht die Möglichkeit, eine Auswahl der Szenen zu treffen (z. B. 1,2,7,8 s. S.57) und diese miteinander zu verbinden. So wird die Länge der Geschichte dem Auffassungsvermögen kleinerer Kinder angepaßt.

Allgemeine Anleitung zur Gestaltung einer Geschichte

I. Musik

Klangfülle

Sowohl Kinder als auch Erwachsene neigen im allgemeinen dazu, bei einer Geschichte eher zuviel als zu wenig Klang einzusetzen. Sie verwenden z. B. für Personen, Tiere und Naturkräfte Motive; gleichzeitig erhalten alle Wörter, die Klangassoziationen auslösen Geräusche und Klänge „quietschen", „summen", „laufen" etc. Darüber hinaus werden auch noch Stimmungen und Gefühle klanglich dargestellt (Traurigkeit, Ärger, Alleinsein). Diese Fülle führt meistens zu Verwirrung und Undifferenziertheit im Ausdruck und löst häufig Unbefriedigtsein bei den Spielern aus. Darum ist es wichtig, von Anfang an zu klären, w a s dargestellt werden soll und eine klare Auswahl zu treffen. Dies empfiehlt sich besonders für die Arbeit mit kleinen Kindern. Ihr Auffassungsvermögen ist begrenzt, und der Umgang mit Klangmaterial und Instrumenten ist oft noch ungeübt.

Klangauswahl

Möglichkeiten zur klanglichen Darstellung bieten:
- Personen (bekanntes Beispiel motivischer Darstellung ist „Peter und der Wolf")
- der Handlungshintergrund (Stadt, Wald, Menschenmenge etc.)
- bestimmte Textteile oder Wörter.

Nachdem festgelegt worden ist, was klanglich dargestellt werden soll, ist der nächste Schritt die *Auswahl des Klangmaterials oder der Instrumente*. Die elementarste Ausdrucksform setzt allein „körpereigene Instrumente", d. h. Hände, Füße und Stimme ein. Sie kann erweitert werden, indem Dinge im Raum zum Klingen gebracht und in die Geschichte einbezogen werden. Klangmaterial, selbstgebaute Instrumente und Orff-Instrumente verlangen schon mehr Geschicklichkeit. Für welche klangliche Lösung der Erzieher sich auch entscheidet – in jedem Fall steht am Anfang das *spontane Ausprobieren* des Materials und der Instrumente. Der Spielleiter hat hierbei die Aufgabe, Neugier zu wecken und originelle Lösungen herauszulocken und anzuerkennen. Korrektur und Kritik in dieser Phase schränken das spontane Erfinden ein. Wenn bereits mit Geräuschen und Klängen gearbeitet worden ist, kann das Ausprobieren verkürzt werden. Die Kinder verfügen dann bereits über Gestaltungserfahrungen.

Spontanes Ausprobieren

Stufen der Gestaltung

Mancher Erzieher wird sich begnügen mit dem Erzählen der Geschichte, dem szenischen Spiel und spontan improvisierten Klängen. Das *improvisierte Spiel* ist e i n e Stufe des Gestaltens. Sie ist gekennzeichnet durch mehr unbewußte, einmalige, d. h. nicht wiederholbare Lösungen, die meistens auch undifferenzierter sind. Soll diese Stufe hinübergeführt werden in die des *bewußten Gestaltens*, dann tritt zum Spiel Wiederholen und Üben hinzu. Gleichzeitig wird neues Lernverhalten geweckt: Stellung nehmen, beurteilen, vergleichen, zustimmen, ablehnen, auswählen, beschließen.

Gestaltungsprinzipien

Bewußtes Gestalten verlangt die Kenntnis *grundlegender Gestaltungsprinzipien*.

1. den Klang differenzieren, nicht alle auf einmal spielen
2. Unterscheiden von Geräusch und Klang
3. Unterscheiden von Klanggruppen (Fellinstrumente, Holzinstrumente...)
4. Akzente setzen
5. Pausen einbeziehen
6. mit Gegensätzen (Kontrasten) arbeiten.

Arbeit mit Kontrasten

Kontraste in der Lautstärke laut – leise	Veränderung der Anschlagsart, der Schlägelart, des Krafteinsatzes, des Materials.
lauter werden – leiser werden	Veränderung des Krafteinsatzes oder additiv: es kommt immer ein Spieler hinzu / weg
Kontraste in der Klangfarbe hell – dunkel weicher Klang – harter Klang	Veränderung der Instrumentengruppe oder der Anschlagsart (mit anderen Schlägeln spielen, Klang abdämpfen)
Kontraste im Tempo schnell – langsam	das Tempo ist mit abhängig von der Wahl des Instruments, der Technik und der Spielfertigkeit
Kontraste in den Tonhöhen hoch - tief	Instrument in verschiedenen Lagen spielen.
Kontrast zwischen vielen und einigen Spielern	
Kontrast zwischen metrisch gebundenen und metrisch freien Stellen, zwischen verschiedenen Formelementen	

Deutliche Zeichen geben

Der *Spielleiter* oder Dirigent leitet und koordiniert das Spiel. Das Gelingen hängt weitgehend von seiner Zeichengebung ab. Diese Zeichen brauchen nicht mit denen eines geschulten Dirigenten übereinzustimmen. Sie sind vielmehr individuelle Verabredungen zwischen Spielleiter und Gruppe. Es ist nicht entscheidend, w e l c h e s Zeichen gewählt wird, sondern w i e d e u t l i c h es ist und wie sicher sich die Spielgruppe dabei fühlt. Die Rolle des Spielleiters kann für kürzere Klangaufgaben einmal an etwas ältere Kinder abgegeben werden.

Die Lieder sind Modelle

Die im Text eingebauten *Lieder* verdeutlichen die Situation oder drücken die Gefühle der handelnden Personen aus. Sie sollten als Verse und erst allmählich mit ihren Melodien eingeführt werden. Die Melodien der vorliegenden Lieder sind als M o d e l l e zu verstehen. Sie können verändert oder durch neue ersetzt werden.

Begleitung der Lieder

Für die *Begleitung* von Liedern gilt ebenfalls die Regel: den Klang differenzieren, nicht alle Instrumente gleichzeitig einsetzen, mit Klanggegensätzen arbeiten. Die einfachste Begleitung ist die mit Klanggesten, d. h. Stampfen, Patschen, Klatschen, Fingerschnalzen in allen Variationen, wobei die Begleitung entweder das Grundmetrum oder den Sprechrhythmus aufnimmt, oder aber einzelne Wörter heraushebt. Eine rhythmisch selbstständige Gegenstimme oder Begleitung zu erfinden, ist für kleinere Kinder zu schwierig.

Das Prinzip der Klangdifferenzierung ist auf die *Instrumente des kleinen Schlagwerks* zu übertragen. (s. Seite 38)

Begleitung auf Stabspielen

Eine Begleitung auf *Stabspielen* setzt voraus, daß die Kinder schon etwas mit den Instrumenten vertraut sind, die Schlägelhaltung beherrschen und das Grundmetrum einer Melodie hören und widergeben können. Es ist hilfreich, alle Stäbe, die nicht zu den Begleittönen gehören, aus dem Instrument herauszunehmen. Der Spielleiter hat die Aufgabe, die Kinder von Anfang an auf leises, klanglich schönes Spiel hinzuweisen und der Gruppe durch deutliche Zeichengebung (Einsatz, Schluß) das Zusammenspiel zu erleichtern. Soll ein Lied ein kleines Vorspiel haben, dann wird dessen Länge durch die Unterlegung eines kurzen Textes (z. B. aus dem Lied) bestimmt. (s. S.49ff)

II Bewegung

Für die gezielte Gestaltungsarbeit ist es notwendig, zunächst einige grundlegende Gedanken über die Bewegung zu erfassen.

Bedeutung der Bewegung

Bewegung ist nicht eine reine Muskelfunktion, sondern das Zusammenspiel von körperlichen, seelischen und geistigen Anteilen im Menschen. Körperliches Befinden wirkt auf Stimmungen und Gefühle ein. Ebenso beeinflussen die Gefühle, Wünsche, geistigen Einstellungen und Fantasien über das vegetative Nervensystem den Muskeltonus, den Atem, die Durchblutung, und damit den körperlichen Zustand, unsere Haltung und die Art der Bewegung.

emotionelle Beteiligung

Kinder, und besonders kleine Kinder, sind noch stark im emotionellen und magischen Bereich verwurzelt. Wenn sie eine Bewegung ausführen sollen, muß diese ihnen Möglichkeiten zur innerlichen Beteiligung bieten, sonst lassen Konzentration und Aufnahmebereitschaft schnell nach. Das Kind muß sich mit der jeweiligen Rolle identifizieren, sie *mit* – oder *nach erleben* können. Aus dieser emotionellen Beteiligung heraus gewinnt die Bewegung Ausdruckskraft, Lebendigkeit, Spontaneität und Echtheit.

Wenn Kinder sich in eine Rolle hineinversetzen und diese spielen, ist die spontane Bewegung manchmal undifferenziert (Katze und Hund unterscheiden sich nur durch die Lautgebung), klischeehaft (Indianer schießen immer) oder ungenau.

Bewußte Gestaltung

Der Erzieher sollte in diesem Fall Anregungen zur bewußten Bewegungsgestaltung geben, ohne daß dadurch die schöpferische Kraft der Kinder gelähmt wird. Auch in der Bewegungsarbeit ist – wie im musikalischen Bereich – eine Unterscheidung zwischen der freien Improvisation und der differenzierten und bewußten Gestaltung zu machen.

genaue Wahrnehmung

Ein Weg, bewußte Bewegungsgestaltung zu erreichen, ist die genaue *Wahrnehmung*, die detaillierte Beobachtung. Sie ist in Verbindung mit dem Einfühlen in das Erleben anderer für die differenzierte Bewegungsgestaltung unerläßlich und bildet zugleich die Grundvoraussetzung für die Sozialerziehung der Kinder.

3 Arbeitsphasen

Für die Bewegungsgestaltung einer Geschichte mit Kindern schlagen wir *drei Arbeitsphasen* vor, die sich auch auf einen längeren Zeitraum erstrecken können:

1. die Spontanphase,
2. die Klärungsphase,
3. die Übungsphase.

freie Improvisation

1. Die Spontanphase ist eine Zeit der freien Improvisation, in der die Kinder die in der Geschichte auftauchenden Personen, Tiere, Gegenstände und Kräfte (z. B. Wind) ausprobieren. Es ist hierbei nicht notwendig, daß die Personen so handeln, wie es in der Geschichte geschildert wird. Dies ist eine Zeit, sich in die Rolle einzufühlen. Oft gestalten die Kinder jetzt die Erzählung um, erfinden eigene Geschichten, oder es tauchen neue Handlungen und Personen auf.

Möglichkeit zur Beobachtung

Dem Erzieher bietet diese Phase eine gute Beobachtungsmöglichkeit. Er kann sehen, was den einzelnen Kindern Eindruck macht, welche Ängste, Wünsche, Vorstellungen und Vorurteile auftauchen, welche Rollen besonders beliebt sind und welche vermieden werden.

Gleichzeitig kann er feststellen, ob die Bewegung der Kinder mit der Rolle übereinstimmt, wo die Bewegung undifferenziert ist und durch Anregungen vielfältiger werden könnte.

Die Spontanphase hilft gehemmteren Kindern, aus sich heraus zu kommen, und unruhigen Kindern, einen Teil ihrer Spannung abzulassen und auszuagieren.

2. Die Klärungsphase verläuft in Form eines Gesprächs mit den Kindern über die in der Geschichte auftauchenden Personen, Tiere und Ereignisse. Die Kinder erzählen, was sie an Ähnlichem erlebt haben und teilen ihre Beobachtungen und Erfahrungen mit.

Jetzt besteht die Möglichkeit, mit Hilfe der Berichte aller Kinder und durch den ergänzenden Beitrag des Erziehers gemeinsam herauszufinden, was im Aussehen, Verhalten und in der Bewegung für die in der Geschichte auftauchenden Personen/Tiere/Rollen charakteristisch ist. Einzelheiten werden besprochen (z. B. Farbe und Beschaffenheit des Körpers, Schnelligkeit, Laute etc.). Dabei werden der Lebensraum und das allgemeine Verhalten (der Gattung bei Tieren) im Gegensatz zum individuellen Handeln innerhalb der vorliegenden Geschichte berücksichtigt und geklärt. Vorurteile und Klischees können hierbei abgebaut, Vorstellungen ergänzt, erweitert oder evtl. korrigiert werden.

Prägnanz der Vorstellung fördern

Die Kinder erzählen, was ihnen an der Person/dem Tier/der Rolle wichtig ist, und was sie selbst während des Spiels in der Spontanphase erlebt haben. Sie äußern sich darüber, wie die handelnden Personen/Tiere in der Erzählung sich fühlen werden. Gemeinsam wird überlegt, wie sich dies in der Haltung und Bewegung ausdrückt und woran man das erkennt.

Bei kleineren Kindern sind oft helfende, detaillierte Fragen des Erziehers wichtig, um die notwendige Deutlichkeit und Differenziertheit der Vorstellung von der Person/dem Tier der Erzählung zu erreichen. Arbeit mit Gegensätzen ist für die Klärung und Bewußtmachung günstig.

3. In der Übungsphase erfolgt die eigentliche Gestaltung der Bewegung.

Raum, Zeit und Kraft bestimmen die Bewegung

Die Bewegung ist abhängig von einem Raum, der Kraft und einer bestimmten Zeit, in der sie ausgeführt wird (s. Rhythmisch-musikalische Erziehung). Wie bei der Musik gilt auch hier: Arbeit mit Gegensätzen kann Dynamik, Spannung und Klarheit in den Bewegungsablauf bringen. Durch Veränderung und bewußten Einsatz von Raum, Zeit und Kraft hat der Erzieher vielfältige Mittel zur Verfügung, den Kindern Hilfe und Anregung in der Art der Darstellung zu geben.

Gestaltungsmöglichkeiten

1. in Bezug auf den Raum

Die Bewegung ist
- hoch – tief
- oben – unten
- groß – klein
- eine Totalbewegung
  – eine Teilbewegung
- eckig – rund
- aufwärts – seitwärts–
  abwärts – vorwärts–
  rückwärts gerichtet

die Kinder machen sich groß/sie sind flach am Boden
z. B. Arme/Beine
Schritte/Gesten, die viel oder wenig Raum einnehmen

Raum – Kontraste in der Bewegung

die Spieler im Raum	Die Spieler haben ● einen weiten Raum – sind eingeengt – berühren sich – sind dicht beieinander – weit voneinander entfernt. ● sie sind vor-, hinter-, neben-, evtl. auf –, untereinander ● sie gehen aufeinander zu – aneinander vorbei – voneinander weg ● sie bewegen sich frei im Raum – haben einen bestimmten Platz ● sie sind im Vordergrund – Hintergrund Als Gruppe ● agieren sie in Paaren – kleinen Untergruppen – in der Gesamtgruppe ● sie halten feste Raumformen ein (z. B. Kreis, Halbkreis, Reihe, Schlangenlinie, Dreieck, Stern) – sie bewegen sich in lockeren Gruppen. ● die Gruppe/Spieleranordnung wechselt häufig – bleibt längere Zeit bestehen
Wirkung der Kraft auf die Bewegung	2. *in Bezug auf die Kraft* Die Bewegung ist ● schwach – stark ● laut – leise ● leicht – schwer ● stoßweise – fließend ● dosiert eingesetzt – wild, ungezielt
Wirkung der Zeit auf die Bewegung	3. *in Bezug auf die Zeit* Die Bewegung ist ● schnell – langsam – zögernd ● ruhig – unruhig ● sie entsteht, beginnt/endet plötzlich langsam ● sie ist abgeschlossen (Pause) Kleinen Kindern fallen langsame Bewegungen schwer, besonders wenn diese gleichmäßig (im „Zeitlupentempo") ausgeführt werden sollen. Denn das verlangt von ihnen eine bewußte Steuerung der Antriebskräfte. Ihr normales Bewegungstempo ist schneller als das des Erwachsenen.
Klarheit und Eindeutigkeit der Bewegung	In der Übungsphase geht es darum, daß die Bewegung der Kinder an Deutlichkeit in Bezug auf die Rolle zunimmt. Klare Bewegungen machen die Handlung durchschaubar und geben den Kindern Sicherheit. Überflüssige Bewegungen bringen Verwirrung. Sie geschehen oft unbewußt; aus einer Unruhe oder Spannung heraus, aus Unsicherheit oder weil die Vorstellung der Rolle nicht genügend prägnant ist.
	Wie kann geübt werden?
„Film und Foto"	Ein beliebtes Spiel aus der Rhythmisch–musikalischen Erziehung heißt *„Film und Foto"*. Ruft der Erzieher oder ein Kind „Film!", bewegen sich alle im Raum. Beim Ruf „Foto!" müssen sie in der Haltung erstarren, die sie in dem Moment eingenommen hatten. Das Anhaltenkönnen ist eine wichtige Voraussetzung für die Fähigkeit, die Bewegung „in den Griff zu bekommen". Das Spiel verlangt von den Kindern schnelle Reaktion, Konzentration und Gleichgewicht, denn die „Fotos" dürfen nicht verwackelt werden.

„Film und Foto" können sich auf etwas beziehen. Es wird z. B. „Hundefilm!" gerufen. Auf diese Weise können die Personen/Tiere/Rollen der Erzählung von allen Kindern gemeinsam geübt werden. Sie sollten jede der Rollen einmal ausprobiert haben, bevor eine endgültige Verteilung der Aufgaben stattfindet. Durch den Wechsel der „Filme" wird die Flexibilität der Kinder erweitert. Gehemmten Kindern bietet sich in diesem Spiel die Möglichkeit der Beteiligung, ohne daß sie mit ihren Schwierigkeiten auffallen.

Ein anderes Spiel ist der *Laufsteg*, hierbei wird dem Wunsch der Kinder entsprochen, einzeln und von allen gesehen zu werden. Ein Kind stellt pantomimisch, d. h. ohne Worte und Laute, eine der Personen/Tiere/Rollen dar. Die anderen Kinder raten, was getan wurde.

der „Laufsteg"

Wenn die Kinder die Geschichte gut kennen, kann das Ratespiel auf eine Situation innerhalb der Erzählung festgelegt werden.

Durch *Vergleichen, beobachten und auswählen* finden die Kinder heraus, was für das Erkennen der Bewegung günstig ist. Sie sagen, was ihnen gefallen hat, was deutlich und was unklar war. Dabei helfen die Ergebnisse der Klärungsphase. Bewertungen wie „richtig und falsch" werden vermieden und durch Aussagen wie: das Spiel war der Situation und Rolle angemessen oder „nicht" ersetzt. Bei der Kritik ist die unterstützende Hilfe des Erziehers notwendig, auch um evtl. dem Herabsetzen und Auslachen eines Spielers oder falschem Ehrgeiz und Leistungsdruck (ich bin besser als du) entgegenzuwirken. Denn dies hemmt die Ausdrucksfreude der Kinder und verhindert eine gelöste und freie Bewegung.

Auswahl

Bewertungen und Kritik

Das Spiel muß auch in und nach der Übungsphase noch spontan bleiben. Nur dann sind die Kinder am Geschehen emotionell beteiligt. Sie sollen keine Bewegungen „auswendig lernen", sondern durch Fantasie und Beobachtung ihre Rolle gestalten und sich in ihr individuell ausdrücken.

Individueller Ausdruck

III. Sprache

Die Lebendigkeit, mit der eine Geschichte erzählt wird, bestimmt weitgehend, ob sie zu einem emotionellen Erlebnis für ein Kind wird oder nicht. *Der Erzähler* muß deutlich sprechen, Mimik und Gestik einbeziehen und in der Stimmlage variabel sein. Dies sollte nicht als technischer Trick angewandt werden, sondern dem gefühlsmäßigen Erleben entspringen und der inneren Dynamik der Geschichte entsprechen. Lautmalerische Wörter werden herausgehoben, ebenso Verse und Wiederholungen im Text. Der Erzähler kann Teile der Geschichte kürzen, verändern oder einen Bezug herstellen zu bestimmten Erlebnissen der Kinder. Fragen wie: „was würdet ihr jetzt tun?", „was glaubst du, was dann geschah?" aktivieren die innere Beteiligung der Zuhörer. Ebenso ist es möglich, die Kinder schon während des Erzählens einzelne Bewegungen ausführen zu lassen (z. B. „wie lief der Hund?"). Dadurch können auftauchende Spannungen durch zu langes Stillsitzen oder emotionale Erregungen abgelassen werden.

Aufgaben und Möglichkeiten des Erzählers

Bei der szenischen Darstellung der Geschichte hat der Erzähler die Aufgabe, das Spiel zu koordinieren, über auftauchende Schwierigkeiten hinwegzuhelfen und gehemmten Kindern, die sich nicht trauen frei zu sprechen, Hilfen zu geben.

Dialoge *Die Dialoge* des Textes werden nicht auswendig gelernt, sondern von Kindern in freier Form wiedergegeben.

Sprechverse

das Üben lustvoll gestalten

Sprechverse sind bei Kindern sehr beliebt, denn sie haben Freude am Sprachklang, Sprechrhythmus, an Reimen und Wiederholungen. Es ist jedoch schwierig, Sprechverse einzuüben und zu gestalten, ohne daß die Kinder ins Leiern kommen und den Spaß am Mitmachen verlieren. Dies kann verhindert werden durch rhythmisiertes Sprechen des Textes und ein lebendiges Tempo. Kinder übernehmen die Stimmodulation des Erziehers. Sein Vorbild ist daher wichtig. Die Dynamik des Sprechens muß dem Inhalt angepaßt und die Aussprache deutlich sein. Um beim Einüben die Kinder nicht zu ermüden und ihnen einen Anreiz zur Wiederholung zu bieten, sollte das Sprechen abwechslungsreich gestaltet werden. Dabei helfen:

- Wechsel der Stimmlage
  Wechsel des Tempos
  Wechsel der Lautstärke
- überraschende Wiederholung einzelner Wörter oder Satzteile
- Hinzunehmen von neuen oder Weglassen von schon bekannten Versteilen
- Hinzunehmen von Klanggesten
  Hinzunehmen von Kleinem Schlagwerk

Spielformen Wenn der Text relativ sicher ist, können weitere Spiel- und Übungsformen angeboten werden:

- Der Erzieher/ein Kind beginnt den Vers, die Gruppe ergänzt
- Ein Kind fängt an zu sprechen; wenn es nicht mehr weiter weiß, zeigt es auf ein anderes, dieses setzt den Vers fort.
- Die Gruppe denkt sich Handzeichen für „laut" und „leise" aus. Ein Kind ist Dirigent und zeigt Tempo und Lautstärke, Beginn und Ende des Sprechens an.

Einsatz von Schlaginstrumenten Die Schlaginstrumente nehmen den Sprechrhythmus oder das Sprachmetrum auf. Sie werden nicht alle gleichzeitig gespielt, sondern zur Verdeutlichung einzelner Wörter oder Zeilen eingesetzt.

IV Möglichkeiten der Einführung und ersten spielerischen Gestaltung

Die Einführung kann von den Bildern oder dem Text ausgehen und in spontanes Spiel oder Musizieren überleiten.
Die Kinder

- schauen die Bilder an und erfinden eine eigene Geschichte
- hören die Erzählung ganz oder auszugsweise und malen dazu
- betrachten die Bilder, hören den Text und spielen die Geschichte
- erfinden beim Erzählen Geräusche mit Stimme, Klangmaterialien und selbstgebauten Instrumenten

Danach setzte das bewußte Gestalten ein.

Vorschläge zur musikalischen Gestaltung der vorliegenden Geschichte

Die folgenden Vorschläge stellen M ö g l i c h k e i t e n dar, aus denen der Erzieher entsprechend seinen eigenen Interessen und Vorkenntnissen und den pädagogischen und didaktischen Zielen für seine Kindergruppe a u s w ä h l e n sollte.

Es ist wichtig, sich auf w e n i g e musikalische Szenen zu beschränken und so sorgfältig zu üben, daß die Kinder sich sicher fühlen.

den Kindern Sicherheit geben

I. Klangbeispiele

1. DA WURDE ES AUF EINMAL GANZ HELL IM STALL

Hier werden ein visueller Eindruck und eine Stimmung in Klang ausgedrückt. Der Intensität des zunehmenden Lichts entspricht eine dynamische Steigerung (crescendo). Sie kann entweder durch ein Übergehen von leiseren zu lauteren Klängen dargestellt werden (a), oder durch Vergrößerung der Anzahl spielender Instrumente (b).

crescendo

a. Triangel oder Becken mit schnellen leisen Schlägen (Wirbel) spielen und allmählich lauter werden.

b. vereinzelte Glockenspieltöne in freier oder festgelegter Tonreihe (z. B. Pentatonik) anschlagen; die zeitlichen Abstände zwischen den Tönen sind zunächst größer und werden allmählich dichter. Ein zweites oder drittes Glockenspiel kommt hinzu.

2. STERN

Er kann als immer wieder auftretendes Element durch ein festes Motiv oder einen gleichbleibenden Klang ausgedrückt werden. Geschliffene Wein- oder Wassergläser, die in einer fortlaufenden Bewegung am Rand mit einem feuchten Finger gerieben werden, ergeben einen reizvollen „sphärischen" Eindruck.

wiederkehrendes Motiv

3. UND SIE ZOGEN LEISE FORT. VORAN DER JUNGE, DANN FOLGTEN DIE BEIDEN SCHAFE, DANACH KAM DAS MÄDCHEN, DAS DIE ZIEGE FÜHRTE, UND UM SIE HERUM SPRANG AUSGELASSEN DER HUND.

Hier bietet sich eine Bewegungsmusik an, die immer wieder auftaucht und die einzelnen Szenen verbindet. Sie kann rhythmisch und melodisch festgelegt oder frei sein. Es ist sinnvoll, die gleichbleibende Reihenfolge der Personen durch eine entsprechende Reihenfolge der Instrumente auszudrücken. Dadurch erhält die Gesamtgestaltung Klarheit, und die Kinder gewinnen ein Stückchen Sicherheit und Ruhe.

wiederkehrende Instrumentenfolge

Ostinato Den einzelnen Instrumenten kann ein einfaches Motiv zugeordnet werden, das sich ständig wiederholt (Ostinato). Das Motiv wird am leichtesten durch einen kurzen Text festgelegt und geübt, der sich auf den Inhalt bezieht.

Beispiel für eine rhythmisch festgelegte Bewegungsmusik

Die Sprache hilft, den Rhythmus zu erfassen

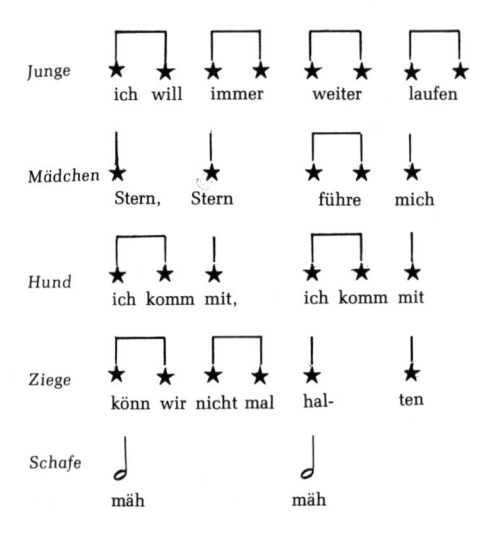

Junge: ich will immer weiter laufen

Mädchen: Stern, Stern führe mich

Hund: ich komm mit, ich komm mit

Ziege: könn wir nicht mal hal- ten

Schafe: mäh mäh

Übertragung auf Klanggesten Die Motive werden zunächst einzeln, dann in beliebiger Kombination geübt und schließlich auf Klanggesten (Patschen, Klatschen, Stampfen, Fingerschnalzen in allen Variationen) und Instrumente des Kleinen Schlagwerks übertragen. Für 5–6jährige Kinder ist es verwirrend, wenn mehr als zwei Ostinati gleichzeitig gespielt werden.

Übertragung auf Schlagwerkinstrumente Eine Lösung mit Schlagwerkinstrumenten könnte z. B. so aussehen:

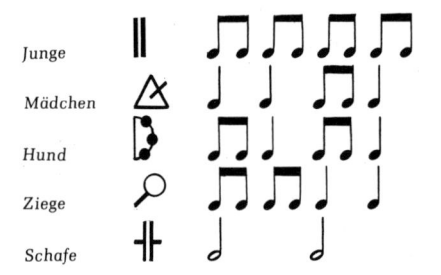

Die Bewegungsmusik kann langsam aufgebaut werden. Die Klanghölzer beginnen z. B. (2 oder 4 Takte), dann setzen in gleichen Abständen Triangel, Schellen, Rasseln und Zimbeln ein. Entsprechend dem Bewegungstempo der Spieler ist die Musik schneller oder langsamer (sie eilen weiter – sie haben Mühe, im Schneesturm voranzukommen). Die Bewegungsmusik wird leiser, wenn der Text einsetzt.

Aufbau und Tempo der Bewegungsmusik

Die gleichen Ostinati können auf Stabspiele übertragen werden. Dadurch entstehen einfache melodische Motive. Sollen sie harmonisch aufeinander abgestimmt werden, dann ist es ratsam, eine Tonauswahl zu treffen.

Tonauswahl Rentatonik

Beispiel für eine einfache pentatonische Bewegungsmusik

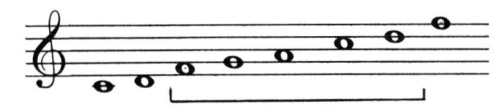

pentatonische Reihe in F

Übertragung des Rhythmus auf Stabspiele

Das Musizieren mit pentatonischem Tonmaterial hat den Vorteil, daß alle Töne gut zusammenklingen und es keine „falschen" Lösungen gibt. Jeder Ton kann Anfangs- oder Schlußton sein.

4. UND ES WAR GANZ STILL UM SIE HERUM

Stille als Gestaltungselement

Die Pause (Stille) ist ein wichtiges Gestaltungselement. Sie sollte bewußt erlebt werden; besonders, wenn sie – wie in diesem Beispiel – einen dynamischen Kontrast zur folgenden Klangaktion bildet.

5. HEULEN DES WOLFES

Darstellung der Tierlaute

Alle Tierlaute werden erst einmal mit der Stimme dargestellt. Es muß deutlich abgesprochen sein, ob sie von den Spielern oder der Musikgruppe übernommen werden. Die Lotosflöte (Zugflöte) ist für eine instrumentale Lösung gut geeignet.

6. KAMPF DER KINDER MIT DEM WOLF

Durch den Text sind Knurren, Fauchen, Bellen, Meckern, Blöken, Schreien und Stockschlagen als Klangelemente vorgegeben. Den Kindern macht es Spaß, alle Geräusche gleichzeitig und durcheinander zu spielen. Das ist sicher in der Spontanphase angebracht. Beim bewußten Gestalten sind jedoch Hilfen unerläßlich, die den zeitlichen und dynamischen Ablauf regeln. So kann z.B. ein Spielleiter Einsätze für bestimmte Klänge geben. In diesem Fall handelt es sich um spontanes Reagieren auf gegebene Zeichen. Die Gruppe kann aber auch im voraus festlegen, wie sie diesen Teil gestalten will und die Lösung in einer einfachen graphischen Skizze aufzeichnen.

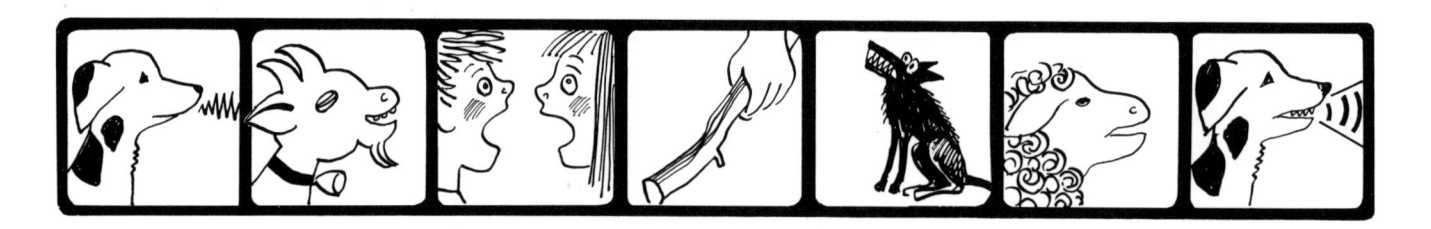

Bewußtes Gestalten durch visuelle Hilfen

7. DA KAM PLÖTZLICH DER STERN NÄHER UND NÄHER UND WURDE GROSS UND HELL

Der Klang, der für den Stern gewählt wurde, sollte an dieser Stelle intensiver werden. Das geschieht entweder durch größeren Krafteinsatz (stärkeres, schnelleres Reiben des Glases) oder durch Hinzunahme weiterer Gläser oder Instrumente.

Aufgabenverteilung und Klangauswahl

8. RÄDER ROLLEN, PFERDE TRABEN, ESEL SCHREIEN, HUNDE BELLEN, KINDER SPIELEN UND LACHEN, HÄNDLER RUFEN IHRE WAREN AUS, MARKTFRAUEN PREISEN IHR GEMÜSE AN

Zuerst muß geklärt werden, was von der Musikgruppe, bzw. von den Spielern gestaltet wird. Die Fülle der Klangmöglichkeiten und die Dynamik dieser Szene verleiten zu undifferenziertem Spiel. Daher ist es gerade hier wichtig, sorgfältig am Klang zu arbeiten. Ein Spielleiter zeigt den Ablauf an, oder aber es werden visuelle Merkhilfen eingesetzt, wie z. B.

Die Rufe der Händler und Marktfrauen bieten eine Fülle von Möglichkeiten für einfache melodische Improvisation im Zwei- oder Dreitonraum.

melodische Improvisation

billige Töp- fe   Ba- na- nen, ganz frisch

Kinder haben Spaß am Erfinden eigener Texte und Melodien, wenn sie in ihrem spontanen Ausdruck nicht durch Kritik oder Korrektur gehemmt werden sondern erfahren, daß sie bei der Improvisation nichts falsch machen können.

9. IN DER NACHT HATTE DAS MÄDCHEN EINEN TRAUM

Die besondere Stimmung des Traumes sollte durch weiche, warme Klänge ausgedrückt werden. Es eignen sich dazu Saiteninstrumente, deren Saiten entweder beliebig gezupft oder aber zu einem harmonischen Akkord umgestimmt werden (Eierschneider, Zither, Guitarre, Mandoline, Klaviersaiten). Auch lang nachklingende Stabspiele, wie Glockenspiele und Metallophone, können eingesetzt werden.

10. WEINENDES KIND

Das Weinen muß nicht realistisch sein, sondern erfolgt besser durch eine instrumentale Lösung (Lotosflöte).

11. VORAN GING DER JUNGE UND SPIELTE AUF DER FLÖTE

Wenn das darstellende Kind nicht selber Blockflöte spielt, kann es auf einer Bambusflöte oder pentatonischen Flöte Töne blasen, oder aber ein Erwachsener übernimmt die Improvisation.

12. SCHNEESTURM

Dunkle Wolken, Wind und durcheinander gewirbelte Flocken sind die hauptsächlichen Elemente, die den Klang und die Atmosphäre dieser Szene bestimmen. Sie läßt sich am einfachsten mit der Stimme und Schlagwerkinstrumenten (besonders Fellinstrumenten) gestalten. Auch hier ist es wieder wichtig, den Gesamtklang „durchhörbar" zu machen.

den Klang „durchhörbar" machen

13. DIE KINDER UND TIERE LAUFEN EINZELN IN DAS SCHNEETREIBEN HINAUS

Die Begleitmotive (Ostinati) der Bewegungsmusik können hier wiederholt werden.

14. IM STALL

Veränderung eines Akkordes

Die besondere Stimmung wird am besten durch weiche Klänge ausgedrückt. So kann z. B. ein Dur-Akkord gespielt und langsam immer mehr erweitert und in hellere Lagen versetzt werden. Dadurch entsteht der Eindruck von klanglicher Veränderung bei gleichzeitiger Ruhe. Diese Musik kann leise im Hintergrund gespielt werden, während die letzte Szene dargestellt wird.

II. Lieder (Beispiele – Vereinfachungen – methodische Hilfen)

Melodien und Begleitungen sind variabel

Wir haben zu den Gedichten und Versen in der Geschichte einfache Melodien und Sätze geschrieben. Sie können verändert oder durch neue ersetzt werden. Es ist möglich, alle Lieder auch ohne Instrumente zu musizieren. Die folgenden Sätze zeigen Beispiele einfachster Begleitung auf Stabspielen. Die Begleitstimmen, meistens Ostinati, sind Modelle, die in beliebiger Reihenfolge zur Melodie hinzugefügt und miteinander kombiniert werden können. Während eine Kindergruppe mit Spielerfahrung auf den Stabspielen einen Begleitsatz fünfstimmig musiziert, entscheidet sich z. B. eine andere für nur einen Ostinato. Unsere Vorschläge gehen von optimalen Möglichkeiten aus. Wir wollen am Beispiel des ersten Liedes zeigen, *wie der 5-stimmige Satz v e r e i n f a c h t werden kann*.

Beispiel für die Veränderung der Begleitung

1. ICH FÜHLE MICH HIER SO ALLEIN

Die elementarste Begleitung auf den Stabspielen kommt mit den Begleittönen d und a' aus. Sie werden gleichzeitig (Parallelschlag) oder abwechselnd (Wechselschlag) gespielt.

Begleitung mit dem 1. und 5. Ton

Parallelschlag   Wechselschlag   Parallelschlag   Wechselschlag

Eine Verbindung des Quintklanges (d–a') und Oktavklanges (d–d') führt zum ersten Ostinato des aufgeschriebenen Beispiels.

Ostinato mit Parallelschlag

ich fühle mich hier so al- lein, dies ist kein schö- ner Ort

Auch der zweite Ostinato allein kann die Melodie begleiten.

Ostinato mit Wechselschlag

Melodie und dritter Ostinato

Ostinato aus der Tonskala des Liedes entwickelt

In dieser Art können weitere Ostinati miteinander verbunden werden.

Die Kinder können selbst die Guitarrenstimme spielen, wenn alle Saiten auf den d-moll-Akkord umgestimmt werden. Dann brauchen sie nur die leeren Saiten zu zupfen oder mit einem Schlägel anzuschlagen. Kinder lieben diese Spielweise sehr.

2. HABE DICH NOCH NIE GESEHN, SCHÖNER STERN

Steigerung der Klangfülle bei der Wiederholung der Melodie

Das Lied durchzieht die ganze Erzählung. Es taucht sechsmal auf und kann so musiziert werden, daß es am Anfang nur einstimmig gesungen oder aber mit einem Instrument begleitet wird. Bei jeder Wiederholung tritt ein weiteres Instrument hinzu, bis am Schluß mit der Flötenimprovisation der klangliche Höhepunkt erreicht wird.

Beispiel:
1. nur Melodie
2. Melodie, ⊙⊙ △
3. Melodie, ⊙⊙ △, BM
4. Melodie, ⊙⊙ △, BM, erstes AG
5. Melodie, ⊙⊙ △, BM, erstes AG, zweites AG
6. Melodie, ⊙⊙ △, BM, erstes AG, zweites AG, AM

Bei den weiteren Strophen setzt die Flöte ein, und die Melodie wird auf Stabspielen verdoppelt (mitgespielt).
Das ruhige, choralhafte Lied sollte nicht starr in ein Taktschema gepreßt werden.

3. ZU HILFE, HELFT, DER WOLF WILL UNS BEISSEN

Die einfachste Begleitung beschränkt sich auf Instrumente des Kleinen Schlagwerks. Ein gleichbleibender rhythmischer Ostinato wird in jedem Takt von einem anderen Instrument gespielt. Kinder lernen ihn leicht, wenn ein Text unterlegt wird, z. B. **Rhythmischer Ostinato**

schaut doch nur, ein Wolf! **Texthilfen**
ich hab große Angst

Das gilt auch für melodische Ostinati im Notensatz.

1.AX — bitte friß mich nicht
2.AX — hab dir nichts getan
BX — Wolf, geh wei-ter

Sie werden zuerst als gesprochene Ostinati in Gruppen vorgeübt und anschließend auf Klanggesten und Instrumente übertragen. Wenn diese drei Lernstufen eingehalten werden, bereitet das Musizieren auf den Stabspielen weniger Mühe. Die Pause am Ende des Motivs ist wichtig und sollte beim Üben mit einem leisen Klang (Klatschen) oder einer Geste ausgefüllt werden. Auch in diesem Satz kann jede Stimme allein die Melodie begleiten. **drei Lernstufen**

Hilfe bei Pausen

Kinder, die ein Instrument spielen, können meistens nicht noch gleichzeitig singen. Daher wird eine Sing- und eine Instrumentalgruppe gebildet. Wichtig ist jedoch, die Einteilung immer wieder zu verändern, sodaß jedes Kind sowohl singt als auch die verschiedenen Instrumente spielt.

4. VORBEI IST DIE ANGST

Vor- bei ist die Angst, vor- bei ist der Schreck! Die Tie- re sind sicher, der Wolf ist weit weg. wir doch haben ge- kämpft mit all uns-rer Kraft, ohne den Wolf hät- ten wir's nicht ge- schafft! DU hast uns ge- hol- fen, du schö- ner Stern. Du bist un-ser Freund; je wir folgen dir gern.

Einigen Kindern fällt das Musizieren im 3/4 Takt schwer, besonders wenn Halbe- und Viertelnoten miteinander verbunden werden

Hilfe bei rhythmischen Schwierigkeiten

Die Halbenote kann daher zur Vereinfachung in zwei Viertelnoten unterteilt werden

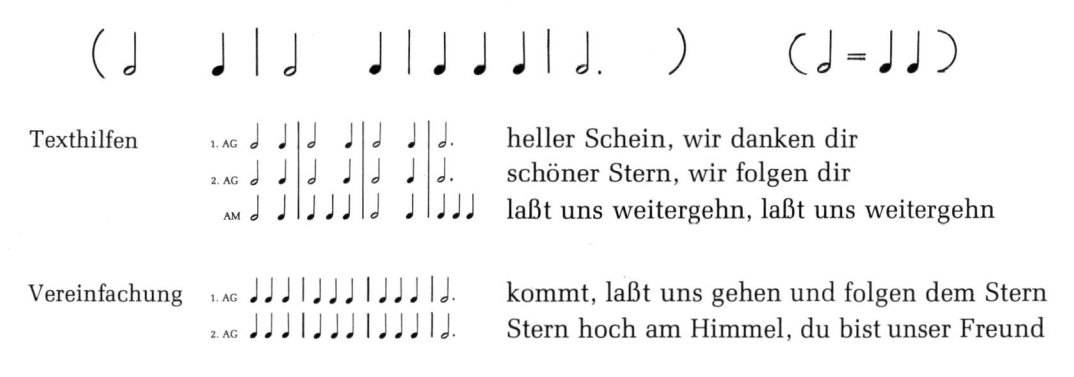

Texthilfen

1. AG   heller Schein, wir danken dir
2. AG   schöner Stern, wir folgen dir
AM   laßt uns weitergehn, laßt uns weitergehn

Vereinfachung

1. AG   kommt, laßt uns gehen und folgen dem Stern
2. AG   Stern hoch am Himmel, du bist unser Freund

Es muß geklärt werden, daß die Melodie mit einem Auftakt beginnt, d. h. vor den Instrumenten einsetzt.

Alle Motive werden von Anfang an mit zwei Schlägeln und möglichst im Wechsel von rechter und linker Hand gespielt. Das muß entwickelt und vorgeübt werden. Ein methodischer Weg, der sich in der Praxis bewährt hat, umfaßt folgende Schritte:

mit beiden Händen spielen

Das Motiv
- mit einer rhythmisierten Texthilfe einüben
- mit den Händen in die Luft schlagen
- mit den Fingern auf dem Stabspiel üben; sehr langsam, dafür gleich im richtigen „Handsatz", d. h. abwechselnd
- mit den Schlägelenden spielen
- in der normalen Schlägelhaltung ausführen

Methodische Hilfen

5. MEIN LIEBES KIND

[Notenbeispiel: Melodie mit Begleitstimmen AG, AX, AM, BX im 6/8-Takt]

Mein lie- bes Kind, hör auf zu klagen, ich will dich auch ein Stückchen tragen, ich nehm dich auf den Arm.
Ich hab kein Geld, kann dir nichts kaufen. Wir wol-len schnell nach Hau-se laufen, viel- leicht wird uns dann warm.

Hilfe durch die Bewegung Das Lied steht als Wiegenlied im 6/8-Takt. Die Schwerpunkte können die Kinder am leichtesten durch eine wiegende Bewegung des Körpers erfassen. Dazu singen sie die Melodie oder die Begleitstimme.

Texthilfen   AG ♩ ♫. | ♩ ♫.   liebes Kind, liebes Kind
             AX ♩ ♫ ♪ | ♩. ♩.   hör doch auf zu weinen

Aufteilung von zweistimmigen Ostinati Zweistimmige Ostinati können grundsätzlich auf zwei Instrumente verteilt werden.

AM *[Notenbeispiel]*   1. AM / 2. AM *[Notenbeispiel]* kalt ist's heu- te / schlaf schlaf

6. MEINEN SCHÖNSTEN FLÖTENTON

[Notenbeispiel: Melodie mit Text "1. Meinen schönsten Flötenton schick ich zu euch in den Schnee. Komm nur Wind, trag ihn davon. Hilf, daß wir uns wiedersehen." mit Begleitstimmen AG, AX, AM oder BX]

Texthilfen

[Notenbeispiele für AG, AX, BX]

hört mein schönes Lied
kommt schnell zurück
Schafe, Ziege, Hund und Schwester

Texthilfen

Die Melodie kann für kleinere Kinder vereinfacht werden.

Vereinfachung der Melodie

[Notenbeispiel mit Text "schick ich zu dir in den Schnee"]

Damit wird der Oktavsprung vermieden.

Dieses Lied ist ein sog. „Stufenlied" und verlangt in der Begleitung einen bestimmten Wechsel von Harmonien. Auf Guitarre und Klavier lassen sich diese Akkorde gut spielen. Sie sind daher geeignet als zusätzliche Instrumente. Dies gilt auch für die Sätze „Zu Hilfe, helft" und „Vorbei ist die Angst".

„Stufenlied"

Zu allen Liedern können aus den Begleitmotiven Vor-, Zwischen- und Nachspiele improvisiert werden. Dabei muß deutlich abgesprochen sein, wie lang das Vorspiel ist, welche Instrumente spielen und ob sie gleichzeitig oder nacheinander einsetzen. Die Länge der Improvisation wird wieder durch einen Text festgelegt (z. B. halbe oder ganze Liedlänge, Text des 1. Ostinato).

Möglichkeiten für Vor- und Nachspiele

Beispiel für ein Vorspiel

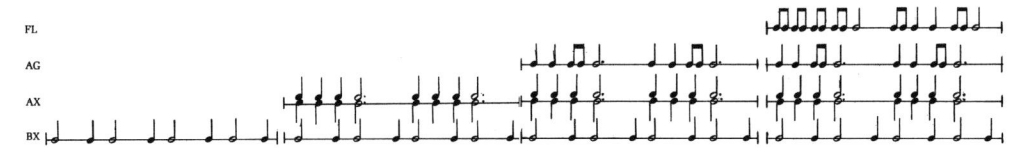

Hier setzen die Instrumente nacheinander ein. Das tiefste Instrument oder das Motiv mit den längsten Notenwerten beginnt in der Regel. Die umspielte Melodie leitet zum Lied und Instrumentalsatz über. Im Nachspiel kann die Improvisation in der gleichen Reihenfolge wieder abgebaut werden.

Beispiel für ein Nachspiel

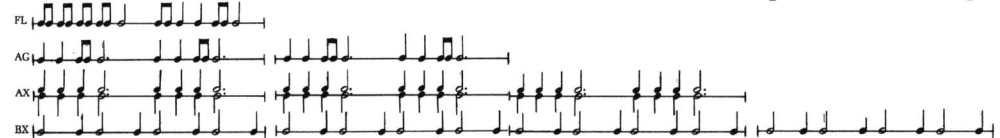

7. WIR FANDEN DICH, DU KLEINES KIND

1. Wir fanden dich, du kleines Kind in einem alten Stall. Wir fanden dich, du kleines Kind und kommen zu dir all.

★ Hier ist auch der E- Dur – Dreiklang möglich (e,h gis) ★★ Hier ist auch der A- Dur – Dreiklang möglich (a,e cis)

Möglichkeit klanglicher Verstärkung

Im Liedsatz ist vorgeschlagen, die Melodie auf einem Stabspiel mitzuspielen. Dies ist auch bei allen anderen Beispielen als zusätzliche klangliche Verstärkung möglich.

Texthilfen   AG/AM   kleines Kind hier im Stall

Orgelpunkt

Die Stimme des AX/BX kann auch auf eine Alt-, Tenor- oder Baßflöte oder ein Streichinstrument (Fidel, Gambe, Cello) übertragen werden. In diesem Fall wird der vorgegebene Rhythmus durch einen langen Ton ersetzt (Orgelpunkt).

8. SCHLUSSLIED

Wenn Erwachsene mit in das Spiel einbezogen werden, können sie zwei weitere Strophen des Schlußliedes mit den Kindern im Wechsel singen.

Beispiel für Wechselgesang mit periodisch eingesetztem Ostinato

Alle: Schau zu dir voll Dankbarkeit
in die Nacht.
Hast in meine Traurigkeit
Trost gebracht.

Erwachsene: Möchte, daß du bei mir bleibst,
brauch dich so.
Wenn du meine Nacht vertreibst,
bin ich froh.

Kinder: Ostinato
helles Licht, führe mich

Kinder: Schaue dich mit Freuden an,
warmes Licht.
Weiß, daß ich hier bleiben kann.
Fürcht mich nicht.

Erwachsene:
warmes Licht, führe mich

Erwachsene: Weiß, du scheinst nur kurze Zeit,
bleibst nicht hier.
Gehst du, strahlt doch Helligkeit
stets in mir.

Kinder:
Weihnachtslicht, führe mich

Alle: Sehe dich am Himmel stehn,
bin zuhaus.
Weiß, mein Wandern und mein Gehn
ist nun aus.

Ostinati

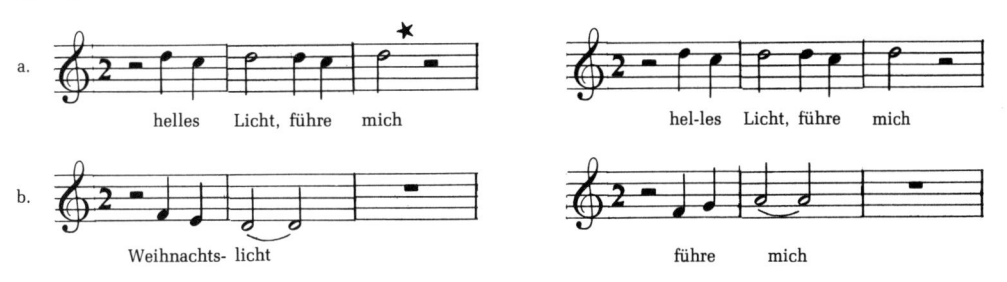

a. helles Licht, führe mich | hel-les Licht, führe mich

b. Weihnachts- licht | führe mich

Die Ostinati werden jeweils am Schluß der Zeile zur Melodie gesungen (.... schöner Stern, ... hab dich gern).

★ kann auch eine Oktave tiefer gesungen werden.

Zeichenerklärungen:

Kleines Schlagwerk

▷	Schellen
╫	Zimbeln
△	Triangel
⊘	Handtrommel, Fellinstrument
✿	Schellenkranz
₽	Rassel
‖	Klanghölzer
∞	Fingerzimbeln

Melodieinstrumente

Fl	Flöte
SG	Sopran-Glockenspiel
AG	Alt-Glockenspiel
SX	Sopran-Xylophon
AX	Alt-Xylophon
AM	Alt-Metallophon
BM	Baß-Metallophon
BX	Baß-Xylophon

Vorschläge zur Gestaltung der Bewegung in der vorliegenden Geschichte

Es ist günstig, wenn die **Spontanphase** der Bewegung direkt an die erste Erzählung der Geschichte anschließt. Die Kinder sind dann emotional stärker engagiert und können gleichzeitig die Spannung, die durch das längere Stillsitzen und Zuhören entstand, abreagieren und in Aktivität umsetzen. Der Erzieher beobachtet das Geschehen und schaut, welche Konflikte auftauchen.

Klärungsphase

1. Am Beispiel des HUNDES soll verdeutlicht werden, was in dieser Phase in Bezug auf die Bewegung und den Ausdruck erarbeitet werden kann.   *Bewußt machen von Bewegung und Ausdruck*

- beißen = er ist zornig oder will etwas beschützen
- mit dem Schwanz wedeln = er freut sich, hat gute Laune
- lecken = er zeigt, daß er jemanden mag
- den Schwanz einziehen und sich etwas ducken = er hat Angst oder ein schlechtes Gewissen
- die Zähne zeigen = er warnt: „kommt mir nicht zu nahe, gleich beiße ich dich".

Lautäußerungen: knurren = Warnung/ bellen = Zorn, Freude/ aufjaulen = Schreck, Schmerz/ winseln = leichtes Weinen, Wünsche zeigen/ jaulen und heulen = weinen.

Tierlaute, die die Geschichte betreffen, werden in dieser Phase imitiert. Tonhöhen und Lautstärken müssen beachtet werden. Hierbei ist es hilfreich, ein Tonband mit den Stimmen der Tiere einzusetzen und die Klangversuche der Kinder damit zu vergleichen.   *Tierlaute*

2. SCHAF und ZIEGE sind den Kindern in der Regel nicht vertraut. Hier wird der Erzieher stärker ergänzend mitwirken müssen.

Der WOLF ist nicht böse, sondern gefährlich, ein Raubtier.
Der Ausdruck HÄNDLER muß evtl. geklärt werden.

Einen SCHNEESTURM werden die Kinder nicht erlebt haben. Vielleicht kennen sie aber das Unheimliche eines drohenden Gewitters, dichten Nebel, in dem sie nicht richtig sehen können, und starken Wind.

3. Die Gefühle, die in der Geschichte auftauchen, werden angesprochen. Woher kennen die Kinder das Gefühl, allein zu sein?/ den Wunsch nach Freunden?/ Angst?/ machtlos, zu schwach zu sein?/ Mut zu haben usw.? Was würden s i e an Stelle der Kinder in der Geschichte fühlen und tun?   *ansprechen der Gefühle*

In der **Übungsphase** sollten folgende Bewegungen erarbeitet werden: *Erarbeitung der Bewegung*

1. *die verschiedenen Arten des Gehens,* beim bergauf und bergab laufen, ausgeruht, bei Müdigkeit, bei Freude.

- Wie ist erkenntlich, daß die Kinder dem Stern folgen? (Blickrichtung, auf ihn zeigen, zuwinken)

Gestaltung des Sturmes	2. *Bewegung im Sturm*: Gehen, das immer schwerer fällt; gegen den Sturm ankämpfen müssen; dem Wind entgegengebeugt, unsicherer, schwankender sein.

- Beim Verirren: Hilflosigkeit und fehlende Orientierung; dann das Hinhorchen und zielgerichtete Folgen, dem Flötenton nachgehen.
- Ob der Schneesturm, das Wirbeln der Flocken von den Kindern dargestellt wird (evtl. mit Tüchern in der Hand – sie sausen durcheinander, drehen sich, sinken zu Boden), ist von der Gruppengröße abhängig. Es ist eine gute Aufgabe für Kinder mit sehr starkem Bewegungsbedürfnis.

Das Einhalten der *Reihenfolge* beim Gehen ist häufig für die Kinder nicht leicht, denn sie verbinden dies oft mit Wertungen (erster sein) und dem Wunsch, bestimmen und führen zu können.

Körperkontakt löst Emotionen aus

Dichter *Körperkontakt* (aneinanderkuscheln, dicht zusammenbleiben im Sturm) löst leicht Emotionen aus. Bei Kindern haben wir Aggressionen und den Wunsch nach Umarmen beobachtet, aber auch Angst vor so nahem Beisammensein. Die auftauchenden Konflikte, Wünsche und Gefühle sollten mit ihnen geklärt und besprochen werden.

Gestaltung des Kampfes

3. *Die Gestaltung des Kampfes* muß gut überlegt sein. Die Stöcke können entweder pantomimisch dargestellt werden oder müssen aus relativ weichem Material sein (Isolierrohr, Drehschläuche). Der Unterschied in der Bewegung, beim Abwehren, Verteidigen, Beschützen oder Angreifen, sollte erarbeitet werden. Es ist durchaus möglich, daß der Wolf mit den Händen zupackt. Tiere müssen nicht unbedingt durchgehend auf vier Beinen dargestellt werden, wenn anders das Charakteristische besser zum Ausdruck gebracht werden kann (die Stärke des Wolfes). Die Gier, das Zupackende und Andrängende des Wolfes ist wichtig.

Spielregeln schaffen Sicherheit bei Aggressionen und Ängsten

Hier besteht die Möglichkeit, einem aggressiven Kind in der Gruppe die Erfahrung zu geben, daß sein sonst als Stören empfundenes Verhalten angenommen, akzeptiert wird und innerhalb des Spiels ein wichtiger Beitrag für die Gemeinschaft ist. Der Einsatz der Kraft muß wohl dosiert sein; die Aggression ist damit der bewußten Kontrolle unterworfen.
Während des Liedes „zu Hilfe, helft.." kann der Wolf die Kinder und die Tiere umschleichen.
Wolfsspiel löst oft Ängste aus und muß daher an feste Spielregeln gebunden sein; z. B.: „Stop!" heißt: sofort unterbrechen (s. Film + Foto). Gehemmten Kindern und solchen, die sich nicht durchsetzen und wehren können, kann die Identifikation mit dem starken und wilden Tier die Möglichkeit bieten, die eigene Kraft und Stärke zu entdecken und zu erleben.

Vorschläge zur sprachlichen Gestaltung der vorliegenden Geschichte

Sprechvers

Was für ein Leben ist hier in der Stadt!
Ein Rennen und Rufen und Lachen!
Schau mal die Wurst, die die Marktfrau da hat!
Und Lärm tun die Leute hier machen!
Ist das ein Gedränge!
Ist das eine Enge!
Ist das eine Menge von Sachen!

Was für ein Leben ist hier in der Stadt!
Da gibt es ja Mäntel in Reihn!
Schau mal den Rock, den der Händler da hat!
Wie weich und wie warm muß der sein!
Ist das ein Haufen!
Ist das ein Laufen!
Ist das ein Kaufen und Schrein!

Der Sprechvers ist ein neues Element in der Geschichte. Er kann, wenn seine innere Dynamik herausgearbeitet wird, zu einem klanglichen Höhepunkt werden. Der Vers sollte in jedem Fall rhythmisiert werden.

Rhythmisierung des Sprechverses

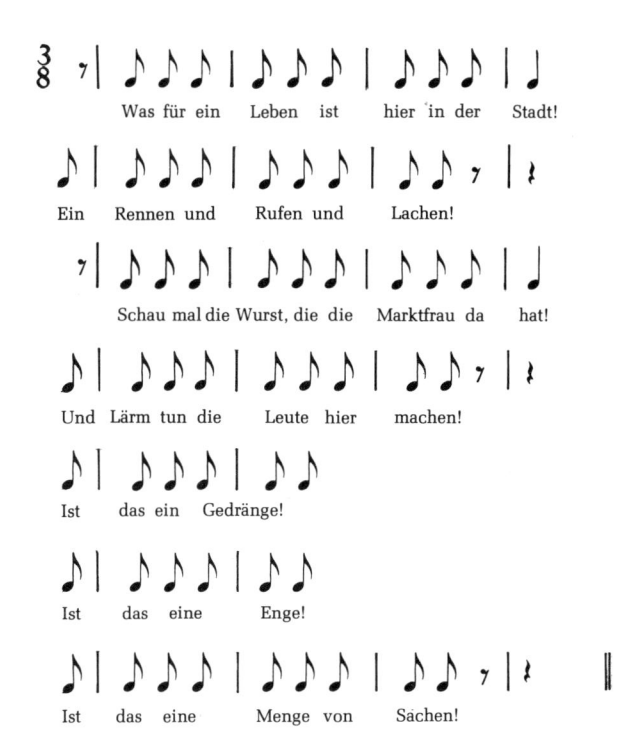

♩♩♩ Was für ein Leben ist hier in der Stadt!

Ein Rennen und Rufen und Lachen!

Schau mal die Wurst, die die Marktfrau da hat!

Und Lärm tun die Leute hier machen!

Ist das ein Gedränge!

Ist das eine Enge!

Ist das eine Menge von Sachen!

Kleinere Kinder können nicht den ganzen Text mitsprechen. Sie setzen jeweils bei den letzten drei Zeilen einer Strophe ein oder helfen bei der klanglichen Gestaltung.

Vereinfachung

1. Gestaltungsvorschlag (ohne Instrumente)

Beispiel für sprachliche Gestaltung mit Rollenverteilung

Das innere Tempo des Verses wird unterstrichen, wenn Junge und Mädchen die Verszeilen abwechselnd rufen.

```
Ju    (Ju)    Was für ein Leben ist hier in der Stadt!
      (Mä)    Ein Rennen und Rufen und Lachen!
Mä    (Ju)    Schau mal die Wurst, die die Marktfrau da hat!
      (Mä)    und Lärm tun die Leute hier machen!
Ju/Mä         Ist das ein Gedränge!
              Ist das eine Enge!
              Ist das eine Menge von Sachen!
```

Improvisation mit der Stimme

Den Hintergrund bilden einzelne Rufe der Händler (s. S. 41). Sie lassen sich leicht in den Vers einordnen, wenn sie dessen Zeitmaß (3/8-Takt) aufnehmen.

frisches Ge- mü- se   Wür- -ste,   Ei - er   Leu- te,   kommt und kauft

Nach Ablauf der ersten Strophe sind nur noch die Rufe zu hören. Sie können durch neue Textvarianten inhaltlich auf die 2. Strophe überleiten.

Rök- ke u. Män- tel!   die- ser Rock ist heute ganz bil- lig

2. Gestaltungsvorschlag

Sprechvers mit instrumentaler Improvisation

In dieser Fassung übernehmen die Instrumente die Hintergrundmusik (s. S. 40 ff.). Der Text wird darüber von der Gesamtgruppe oder kleinen Gruppen rhythmisiert gesprochen.

Grundsätzliche Überlegungen zur Darstellung – Organisation

Die Art der Darstellung ist wesentlich von den Erfahrungen der Kinder im musikalischen Bereich und in der Bewegung, von ihrem Alter, der Gruppengröße, der vorhandenen Zeit und dem Raum abhängig.

Aus der Geschichte ergibt sich folgende Gliederung in Szenen: **Aufteilung in Szenen**

1. Die Kinder sehen das Licht
2. sie folgen dem Stern
3. der Kampf mit dem Wolf
4. in der Stadt
5. Begegnung mit der Frau und ihrem Kind
6. der Schneesturm
7. im Stall
8. die Kinder finden ein neues Zuhause

Hinsichtlich der Koordination von Musik und Bewegung muß eine Absprache getroffen werden (s. S. 40). An den Stellen, wo Musik- und Bewegungsgruppe gemeinsam agieren, tauchen meistens Schwierigkeiten im Zusammenspiel auf. Der Spielleiter muß die Führung übernehmen und für guten Kontakt und gegenseitiges Hinschauen und Hinhorchen sorgen.   **Absprachen sind notwendig**

Requisiten sollten möglichst sparsam eingesetzt werden, um nicht die Ausdruckskraft in der Bewegung zu mindern. Manchmal sind sie nötig, um das „Einsteigen" in die Rolle zu vertiefen.   **Requisiten**

Requisiten für das Spiel:

1 Lampe oder Laterne (Stern)
1 Decke, 1 Topf
1 Strick (für die Ziege)
2 Stöcke (s. Übungsphase d. Bewegung)
   (weiche rutschfeste Unterlage beim Kampf)
1 warmer Rock
1 Mantel, Mütze und Handschuhe

Die Bilder des Buches können als Hintergrund zum Spielgeschehen an die Wand projiziert werden, oder aber es werden Zeichnungen der Kinder als Szenenbild oder Wandfries eingesetzt.

Für die Raumaufteilung bieten wir 2 Lösungen an

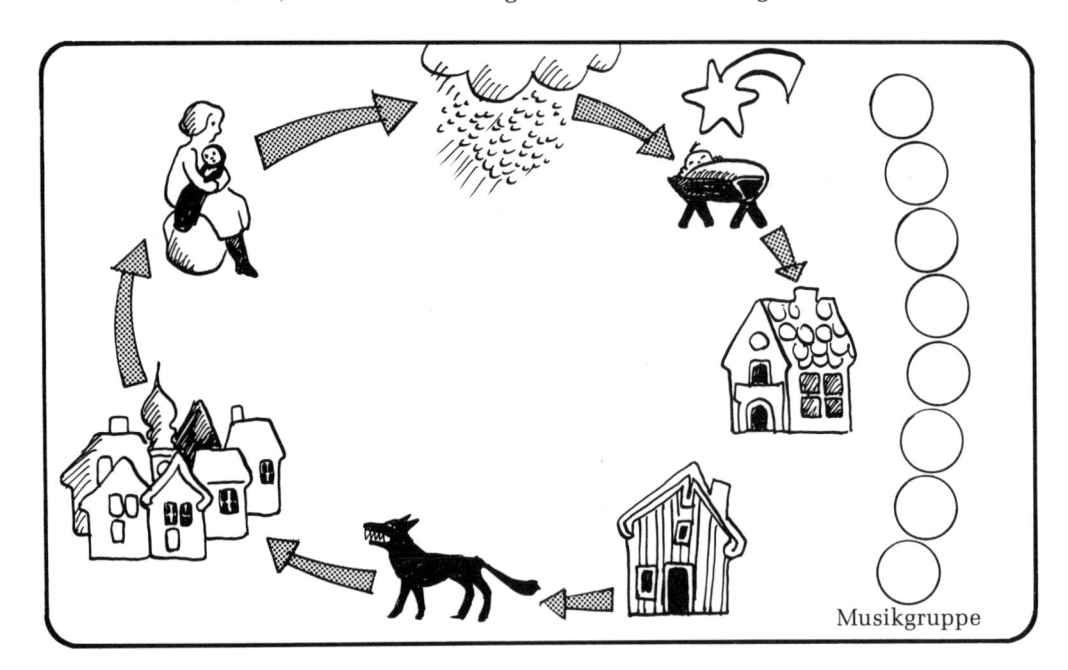

Musikgruppe

Bei diesem Vorschlag sind die Darsteller dicht bei den Instrumenten, dann sehen sich beide Gruppen gut. Das Haus kann während des ganzen Spiels stehenbleiben. Es ist zunächst der Bauernhof, dann das Haus des Händlers und zum Schluß das neue Zuhause. Die Kinder ziehen während der Begleitmusik für die Wanderung einmal im Kreis herum.

Musikgruppe ▶

PRAKTISCH – METHODISCHER TEIL – INHALT

Ein Bilderbuch zum Mitsingen und Mitspielen	27
Grundsätzliche Überlegungen beim Erfinden einer Geschichte zum Mitsingen und Mitspielen	28
Unsere Überlegungen beim Schreiben der Geschichte „Die Kinder und der Stern"	28
Allgemeine Anleitung zur Gestaltung einer Geschichte	30
I Musik	30
Möglichkeiten zur klanglichen Darstellung	30
II Bewegung	32
Gestaltungsmöglichkeit	33
Wie kann geübt werden	34
III Sprache	35
IV Möglichkeiten der Einführung und ersten spielerischen Gestaltung	36
Vorschläge zur musikalischen Gestaltung der vorliegenden Geschichte	37
I Klangbeispiele	37
II Lieder (Beispiele – Vereinfachungen – methodische Hilfen)	42
1. Ich fühle mich hier so allein	42
2. Habe dich noch nie gesehn, schöner Stern	44
3. Zu Hilfe, helft, der Wolf will uns beißen	45
4. Vorbei ist die Angst	46
5. Mein liebes Kind	48
6. Meinen schönsten Flötenton	49
7. Wir fanden dich, du kleines Kind	50
8. Schlußlied	51
Zeichenerklärungen	52
Vorschläge zur Gestaltung der Bewegung in der vorliegenden Geschichte	53
Vorschläge zur sprachlichen Gestaltung der vorliegenden Geschichte	54
Grundsätzliche Überlegungen zur Darstellung – Organisation	57
Requisiten	57
Raumaufteilung	58

Autoren:

Annette Meier, Kindergärtnerin, Lehrerin für Rhythmisch-musikalische Erziehung, Studium der Gestalttherapie.
Langjährige Erfahrung mit Vorschulkindern, Schulkindern, verhaltensgestörten und geistig behinderten Kindern. Fortbildungskurse für Pädagogen (u. A. zeitweise Lehrtätigkeit an der VHS und PH München) z. Zt. freiberuflich tätig in München.

Ursula Meier, Lehrerin und Musikpädagogin, Studium am Orff-Institut Salzburg.
Mitarbeit am Staatsinstitut für Frühpädagogik München, praktische Erfahrung mit Vorschulkindern, Schulkindern und lernbehinderten Kindern. Fortbildungskurse für Erzieherinnen. Veröffentlichung: Berzheim/Meier ,,Aus der Praxis der elementaren Musik und Bewegungserziehung." Lebt und arbeitet seit 2 Jahren in Holland.